Silke Hubrig

ELTERNCOACH to go

Kein Platz für Schubladendenken

Vorurteilsbewusst erziehen

Cornelsen

Impressum

Titel
Elterncoach to go
Kein Platz für Schubladendenken – vorurteilsbewusst erziehen

Autorin
Silke Hubrig

Abbildungen (Umschlag und Innenteil)
Holzhintergrund: © Kittisak Chysree; Hände: © Konstantin Chagin
Illustrationen: © artnLera – Shutterstock.com

Satz und Layout
krauß-verlagsservice, Ederheim/Hürnheim

Druck
Heenemann GmbH & Co. KG, Berlin, DE

Verlag an der Ruhr
Mülheim an der Ruhr
www.verlagruhr.de

Geeignet für Kinder von 2–9 Jahren

ISBN 978-3-8346-5276-8

Inhaltsverzeichnis

1

Ein paar Worte vorab:

Jeder Mensch hat Vorurteile

Auch wenn wir es alle nicht so richtig zugeben wollen – jeder Mensch hat **VORURTEILE**. Das ist nachvollziehbar, denn wir neigen dazu, all die Informationen, die wir ständig aufnehmen, zu ordnen, damit wir sie bewerten können. So sind wir in der Lage, schnell auf Situationen zu reagieren. Das nennt man **STEREOTYPISCHES DENKEN** und es ist ein wichtiger Teil entwicklungspsychologischer Reifungs- und Lernprozesse. Auch Kinder machen sich diese Denkweise zunutze, um ihre Umwelt zu kategorisieren und zu verstehen. So wachsen die meisten Kinder in unserer Gesellschaft z. B. mit der stereotypischen Vorstellung auf, dass Mädchen Kleider tragen und Jungen nicht, um beide Geschlechter voneinander zu unterscheiden, oder dass Eltern aus einem Vater und einer Mutter bestehen und nicht gleichgeschlechtlich sind.

Greifen die Bezugspersonen der Kinder nicht ein, um ihnen zu ermöglichen, ihr stereotypisches Denken zu hinterfragen und es ins rechte Licht zu rücken, bleibt diese Denkweise bestehen. Sie kann dann zur Entwicklung von Vorurteilen führen, die meist mit einer negativen Bewertung behaftet sind und das eigene Verhalten beeinflussen, z. B., indem Kinder Jungen, die Kleider tragen, hänseln und ausgrenzen.
Eltern und andere Bezugspersonen sind also aufgefordert, den Vorurteilen etwas entgegenzusetzen und **VORURTEILSBEWUSST** zu erziehen. Das funktioniert nur, wenn Sie sich Ihre eigene stereotypische Denkweise bewusst machen, sie reflektieren und Ihren Kindern die Vielfältigkeit anderer Lebensweisen und Menschen nahebringen.

In diesem Buch geht es zunächst darum, was überhaupt unter **„VORURTEILEN“** zu verstehen ist. Dann wird aufgezeigt, was Sie tun können, um Ihr Kind möglichst **VORURTEILSFREI** zu erziehen und ihm eine **TOLERANTE** und **FREIE IDENTITÄTSENTWICKLUNG** zu ermöglichen. Dieses Buch richtet sich vor allem an Eltern von Vorschulkindern.

2 Gut zu wissen – Vorurteil, Stereotyp und Diskriminierung:

Wie entstehen Vorurteile und Diskriminierungen?

„Alle Jungen interessieren sich für Piraten", „Lesbische Frauen haben kurze Haare", „Hartz IV beziehende Menschen rauchen und gucken viel Fernsehen" und „Alle Türken lieben es, Döner zu essen". Diese Sätze sind uns nicht fremd und sie entsprechen nicht der Wahrheit. Ich kenne mindestens einen Jungen, der sich nicht für Piraten interessiert. Meine lesbische Kollegin hat lange Haare, meine türkische Freundin isst keine Döner, weil sie Vegetarierin ist, und unsere Nachbarn, die derzeit Hartz IV beziehen, haben gar keinen Fernseher und sich das Rauchen vor vielen Jahren abgewöhnt. Warum wirken solche Sätze nicht irritierend auf uns? Es werden Annahmen geäußert, die eine ganze Gruppe von Menschen betreffen – ohne jeden einzelnen davon zu kennen. Dabei ist jeder Mensch einzigartig und kann nicht aufgrund eines Merkmales, wie „männlich" oder „türkisch", bestimmte Vorlieben, Verhaltensweisen oder Eigenschaften zugewiesen bekommen, ohne ihn je gesehen oder gesprochen zu haben. Dieses „Über-einen-Kamm-Scheren" wird dem einzelnen Menschen nicht gerecht.

DER FEINE, ABER WICHTIGE UNTERSCHIED ZWISCHEN „STEREOTYP“ UND „VORURTEIL“

Die Begriffe „**STEREOTYP**“ und „**VORURTEIL**“ werden oft identisch verwendet. Es besteht jedoch ein kleiner Unterschied zwischen ihnen. Stereotype sind Zuschreibungen von Eigenschaften, wie etwa „Alle Deutschen lieben Kartoffeln“. Vorurteile hingegen sind an Emotionen geknüpft und haben etwas Wertendes, zumeist Abwertendes: „Alle Deutschen sind Kartoffelfresser.“ Diese Vorurteile lenken die Wahrnehmung, das Verhalten und auch die Interpretation der Menschen (vgl. Friesenhahn, 2000). Während die Gesellschaft ein ungefähr gleiches Bild von einem Stereotyp hat, ist ein Vorurteil individueller. Stereotype befinden sich beispielsweise in einem Kinderlexikon, in dem ein „Indianer“ einen Federschmuck und Kriegsbemalung trägt oder eine Frau einen Rock.

Jeder Mensch denkt in Stereotypen, wie etwa „Mädchen trauen sich nicht, hoch zu klettern“ oder „Jungen spielen gern Fußball“. Vorsicht ist jedoch geboten, wenn wir anderen Menschen gegenüber in Stereotypen denken und das nicht hinterfragen. So werden wir dem jeweiligen Menschen nicht gerecht, was zu **DISKRIMINIERUNG** führen kann. Beispielsweise denken wir, dass ein dunkelhäutiger Mann in Deutschland kein gutes Deutsch spricht, und wenn wir unterwegs nach einem Weg fragen müssen, wenden wir uns an einen hellhäutigen Menschen. Es kann sein, dass der dunkelhäutige Mensch tatsächlich kein Deutsch spricht, weil er gerade im Urlaub in Deutschland ist. Es ist aber auch möglich, dass der Mann in der dritten Generation in Deutschland lebt und Deutsch seine sogenannte Muttersprache ist. Vielleicht ist der hellhäutige Mensch der deutschen Sprache nicht mächtig, weil seine Erstsprache Schwedisch ist. Es kann aber auch ein ganz anderer Grund vorliegen, z. B. dass er taub ist und nur die Gebärdensprache spricht oder sich in der Stadt nicht auskennt.

WAS HABEN WIR DAVON, IN STEREOTYPEN ZU DENKEN?

Stereotype bieten uns eine **ORIENTIERUNG**. Durch sie können wir Situationen schneller und leichter beurteilen und wissen, wie wir uns zu verhalten haben. Den Mann im weißen Kittel in der Zahnarztpraxis nehmen wir als Zahnarzt wahr und wir gehen davon aus, dass er etwas von Zahnheilkunde versteht. Durch Merkmale wie „weißer Kittel" oder „sitzt im Behandlungszimmer nicht auf dem Behandlungsstuhl" wissen wir, dass dieser ein Zahnarzt ist und dass er unsere Zahnschmerzen lindern kann. Das wissen wir, ohne ihn um sein Zeugnis über ein erfolgreich abgeschlossenes Studium der Zahnmedizin zu bitten.

Durch Stereotype können wir **ÄNGSTE** gegenüber Neuem und Ungewohntem abwehren. So könnte jemand beispielsweise denken, dass er den neuen dunkelhäutigen Nachbarn sowieso nicht kennenlernen will, weil Afrikaner kein Deutsch können und sie sich nicht verstehen würden.

Stereotype haben also zunächst eine entlastende Funktion. Unser Gehirn muss effektiv arbeiten. Deshalb werden die vielen Informationen insbesondere im sozialen Miteinander vereinfacht, indem wir Menschen in Gruppen einordnen. Dabei rufen wir das Wissen ab, das wir über die Menschen bereits gesammelt haben. Wir würden sonst überschwemmt von Informationen, die immer wieder neu interpretiert werden müssten. Leichter ist es, auf bestehende **„STEREOTYPE-SCHUBLADEN"** im Kopf zurückzugreifen, um eine neue Situation bewältigen zu können. Leider gibt es nur pauschale Schubladen, wie etwa „die Mädchen", „die Ausländer", „die Muslime". Durch diese **PAUSCHALITÄT** kann man dem Menschen, den es gerade betrifft, nicht gerecht werden – und das Stereotyp ist fertig.

WAS HABEN WIR DAVON, IN VORURTEILEN ZU DENKEN?

Vorurteile können das **SELBSTWERTGEFÜHL** eines Menschen stärken, indem sie andere abwerten. Zudem kann eine Stärkung des **ZUGEHÖRIGKEITSGEFÜHLS** und des Zusammenhalts innerhalb der eigenen Gruppe hervorgerufen werden, indem eine andere Menschengruppe zum **SÜNDENBOCK** gemacht wird. So rotten sich beispielsweise Menschen mit rassistischen Äußerungen, wie „Die Ausländer sind an allem schuld!", zusammen, um sich miteinander verbunden zu fühlen (vgl. Thomas, 2016: 18).

SELBSTERFÜLLENDE PROPHEZEIUNG DURCH VORURTEILE

Menschen, die einer Gruppe, die oft mit Vorurteilen konfrontiert werden, angehören, nehmen diese auf und verhalten sich manchmal sogar danach. Dieses geschieht unbewusst. Es ist nachgewiesen, dass Frauen in Mathematiktests tatsächlich schlechter abschneiden, wenn sie vor Beginn des Tests mit einem Werbespot konfrontiert wurden, in dem Frauen, dem **GESCHLECHTERSTEREOTYP** entsprechend, für Backmischungen geworben hatten. Dieser Effekt wird **„STEREOTYPE-THREAT"** (Bedrohung durch Stereotype) bezeichnet. Die Geschlechterstereotype können die Chemie des Gehirns und das Verhalten des Menschen verändern (vgl. Gebhardt 2008: 71). Des Weiteren stellten Forscher*innen fest, dass der mathematische und naturwissenschaftliche Leistungsunterschied zwischen den Mädchen und Jungen in der achten Klasse umso größer war, desto stärker das Stereotyp „Naturwissenschaft = männlich" ausgeprägt ist. Jungen zeigten bessere Leistungen als Mädchen (vgl. Banaji, Greenwald 2015: 144).

„SIEHST DU?!" – VORURTEILE SIND HARTNÄCKIG

Ein Vorurteil ist wie ein Filter, der die Wahrnehmung beeinflusst. Alle Informationen, die in das Stereotypeschema eines Menschen passen, werden aufmerksamer wahrgenommen. Dieses gilt vor allem für negative Informationen. Prügeln sich zwei türkische Jungen auf dem Spielplatz, wird gedacht: „Siehst du! Immer die Türken. Die prügeln sich alle!" Schnell wird das Vorurteil bestätigt. Wenn Vorurteile sich erst einmal zementiert haben, dann sind sie nicht einfach wieder wegzukriegen. So gibt es das Phänomen **„SUBTYPING"**, was beinhaltet, dass ein Mensch seine Vorurteile aufrechterhalten kann, auch wenn er gerade eines Besseren belehrt wird. So lernt ein homophober Mann eine lesbische Frau kennen und findet sie sehr hübsch. Er denkt: „Ja, Lesben sind hässliche Mannsweiber, aber die eine ist echt hübsch und die hat auch keine kurzen Haare." Das

Vorurteil des Mannes wird also nicht aufgehoben, sondern der Einzelfall herausgenommen und als gesonderte Gruppe betrachtet.

AUS VORURTEILEN KÖNNEN DISKRIMINIERUNGEN WERDEN

Zu einer **DISKRIMINIERUNG** kann es kommen, wenn Menschen aufgrund einer Eigenschaft und eines Kennzeichens anders behandelt werden als andere. Das Wort „Diskriminierung" kommt aus dem Lateinischen und bedeutet übersetzt „Unterscheidung". Menschen werden oft aufgrund ihres Geschlechts, ihrer Hautfarbe, Herkunft, Religion oder ihres Alters diskriminiert. Meistens wird eine Gruppe von einer anderen benachteiligt oder herabgewürdigt, die dadurch Vorteile hat. So werden beispielsweise Frauen diskriminiert, weil sich Männer dadurch Vorteile, wie etwa Privilegien oder Macht, erhoffen.

Es gibt verschiedene Gesetze, die Menschen vor Diskriminierung schützen sollen. Eines der wichtigsten deutschen Gesetze gegen Diskriminierung ist das **„ALLGEMEINE GLEICHBEHANDLUNGSGESETZ"**, welches am 18. August 2006 in Kraft getreten ist. Es hat zum Ziel, Diskriminierung aufgrund des Geschlechts, der ethnischen oder kulturellen Herkunft, der Religion oder Weltanschauung, des Alters, der sexuellen Identität oder einer Behinderung zu verhindern oder zu beseitigen. Daneben bestehen weitere Gesetze bzw. Konventionen, wie die **„MENSCHENRECHTSKONVENTION"** (Artikel 1 u. 2) und die **„KINDERRECHTSKONVENTION"** (Artikel 2), in denen geschrieben steht, dass alle Menschen die gleiche Würde und die gleichen Rechte haben und daher nicht diskriminiert werden dürfen (vgl. Antidiskriminierungsstelle des Bundes, 2015). Und dennoch werden alltäglich Menschen aufgrund einiger Merkmale diskriminiert, wie die folgenden Beispiele zeigen (in Anlehnung an Deutsches Kinderhilfswerk e. V., 2017):

„Dafür bist du viel zu alt!" – Diskriminierung aufgrund des Alters

Sowohl junge als auch alte Menschen werden in unserer Gesellschaft häufig diskriminiert. Jüngere kriegen oft zu hören: „Dafür bist du zu klein!" oder „Komm du erst einmal in mein Alter! Du hast ja noch gar keine Ahnung!" und Ältere müssen sich öfter sagen lassen, dass sie zu alt, nicht leistungs- bzw. lernfähig und zu unflexibel für eine bestimmte Tätigkeit sind. Altersdiskriminierungen sind in Deutschland gesetzlich verboten und dennoch kommen sie vor. So haben ältere Menschen es oft nicht so leicht wie junge Menschen, eine Arbeitsstelle zu finden.

„Der hat Schoko-Haut!" – Diskriminierung aufgrund von ethnischer Herkunft und Kultur

Menschen unterteilen Menschen aufgrund von willkürlich gewählten Merkmalen, wie z. B. die Hautfarbe, in **„RASSEN"** und behaupten, dass eine besser sei als eine andere. Hierbei spricht man auch von **„RASSISMUS"**. Diese Unterteilung der Menschen ist unsinnig, denn es gibt keine Menschenrassen. Alle Menschen haben grundsätzlich gleiches Erbgut. Dennoch gibt es rassistische Diskriminierungen in unserer Gesellschaft. So haben dunkelhäutige Menschen es schwerer, eine Wohnung zu finden, oder werden in der Öffentlichkeit angefeindet. Migrant*innen aus afrikanischen Ländern z. B. oder aus Südosteuropa, der Türkei oder arabischen Ländern, werden von vielen Menschen generell als bildungsfern angesehen.

„Für noch einen Rolli ist kein Platz im Bus!" – Diskriminierung aufgrund von Behinderung

Menschen, die körperlich oder geistig langfristig beeinträchtigt sind, sind alltäglich mit Hindernissen und damit Diskriminierungen konfrontiert. Beispielsweise haben sie manchmal nur einen erschwerten oder auch gar keinen Zugang zu öffentlichen Gebäuden, weil eine Rollstuhlrampe fehlt, oder sie können die Speisekarte im Lokal nicht lesen, weil sie nicht in Blindenschrift zur Verfügung gestellt wird.

GUT ZU WISSEN 2006 wurde von den Vereinten Nationen die internationale Konvention **„Übereinkommen über die Rechte von Menschen mit Behinderung"** verabschiedet. So sollen auch die Rechte von Menschen mit Behinderung geschützt werden, damit auch sie aktiv an unserer Gesellschaft teilhaben können (vgl. Deutsches Kinderhilfswerk e. V., 2017)

„Die Frau, die ein Kopftuch trägt, wird von ihrem Mann unterdrückt." – Diskriminierung aufgrund von Religion

In Deutschland besteht eine Religionsfreiheit. Aufgrund von Vorurteilen werden manche **RELIGIONEN**, insbesondere der Islam, negativ betrachtet und mit Terror und Gewalt in Verbindung gebracht. Frauen, die ein Kopftuch tragen, oder Männer, die die jüdische Kippa tragen, werden alltäglich angefeindet.

„Männer sind nicht gut im Babys-Wickeln!" – Vorurteile aufgrund des Geschlechts

Werden Menschen aufgrund ihrer Geschlechtszugehörigkeit diskriminiert, wird von **„SEXISMUS"** gesprochen. Seit 1958 ist im Grundgesetz fest verankert, dass Frauen und Männer dieselben Rechte haben. Die Realität sieht allerdings noch immer anders aus. Frauen erhalten in manchen Berufen bei gleicher Qualifikation weniger Gehalt als männliche Kollegen. Manche männlichen pädagogischen Fachkräfte dürfen in der Kinderkrippe keine Kinder wickeln.

INTERGESCHLECHTLICHE MENSCHEN werden diskriminiert, weil sie im Alltag immer wieder gezwungen werden, sich entweder für männlich oder weiblich zu entscheiden, z. B. beim Zugang zu Umkleidekabinen, beim Aufsuchen öffentlicher Toiletten ober bei der Auswahl von Produkten, die eine männliche und weibliche Zielgruppe anspricht. Damit werden intergeschlechtliche Menschen automatisch ausgeschlossen.

TRANSGESCHLECHTLICHE MENSCHEN werden diskriminiert, wenn sie nicht das Geschlecht leben dürfen, mit dem sie sich identifizieren. Die Hürden für eine Änderung der Geschlechtsidentität sind in Deutschland laut Antidiskriminierungsstelle des Bundes hoch.

„Iiih, die Schwulen halten Händchen!" – Diskriminierung aufgrund der sexuellen Orientierung

In unserer Kultur gilt die **HETEROSEXUELLE** Lebens- und Liebensweise als Norm. **HOMOSEXUELLE** weichen damit ab und werden oft diskriminiert. So werden Homosexuelle beispielsweise im Fußballverein als lächerlich dargestellt.

GUT ZU WISSEN Diese Art der Diskriminierung wird auch als **„Homophobie"** bezeichnet. Es ist die Angst oder die Abneigung gegenüber Männern, die Männer lieben, und Frauen, die Frauen lieben. (vgl. Vogelmayr, 2017: 33)

„Die sind zu faul zum Arbeiten!" – Diskriminierung aufgrund von Armut

Von **ARMUT** bedrohte oder betroffene Menschen werden auch mit Vorurteilen versehen, z. B.: „Sie haben einen niedrigen Schulabschluss", „Den ganzen Tag läuft der Fernseher", „Sie geben ihr Geld für Zigaretten, Tätowierungen und Alkohol aus und vernachlässigen ihre Kinder", „Sie möchten nicht arbeiten, weil sie lieber dem Staat auf der Tasche liegen wollen", „der Obdachlose, der vor dem Supermarkt nach Geld fragt, ist zu faul zum Arbeiten". Die Biografien der Menschen und die Gründe für ihre Armut und Obdachlosigkeit werden nicht gesehen und bedacht.

HABEN KINDER AUCH SCHON VORURTEILE?

Bereits junge Kinder bedienen sich Stereotype, um ihre **KOMPLEXE WELT** besser erfassen zu können. Kinder ab dem Alter von drei Jahren beginnen, ihre Welt nach Merkmalen zu unterscheiden. Ihr Gehirn baut Strukturen auf, die es ihnen ermöglichen, ihre Umwelt nach **KATEGORIEN** zu ordnen. Und das tun sie gern. Viele Eltern kennen vielleicht eine Phase, in der sie ihr Kind dabei beobachten, wie es stundenlang Bauklötze, Münzen oder Wäscheklammern nach Farben oder Größen sortiert. Letztendlich sortieren die Kinder nach diesem Prinzip auch ihre Mitmenschen nach Geschlecht oder Hautfarbe. Sie orientieren sich dabei an äußerlichen Merkmalen. Bei der Einteilung in männlich und weiblich sind beispielsweise Haarlänge, Schmuck oder Kleidung ausschlaggebend – je nach Geschlechterrollenbildern, die sie kennen. Diese Rollenbilder variieren je nach Lebensumfeld des Kindes. In einer afrikanischen Großstadt sehen sie anders aus als in einem bayrischen Dorf.

Für die Ausbildung der Identität der Kinder ist es wichtig, dass sie sich in eine soziale Gruppe einordnen. Wer bin ich? Wie sehe ich mich? Wie sehen mich die anderen? Das, was den Kindern sehr vertraut ist, werten sie als sympathisch. Im Alter von circa drei bis vier Jahren beginnen Kinder beispielsweise, die **GESCHLECHTERKATEGORIE** zu bevorzugen, der sie selber angehören. Das heißt, Mädchen finden Mädchen gut und Jungen spielen lieber mit Jungen. Später beginnen sie, auch die eigene Nationalität zu bevorzugen. Dieses ist entwicklungspsychologisch zu begründen und ganz normal. Im Zuge der Entwicklung der **IDENTITÄT** ist es auch normal, dass Kinder ihre eigenen **ZUGEHÖRIGKEITSGRUPPEN** besser finden als die anderen Gruppen. So finden Jungen im Vorschulalter oft die Mädchen doof und umgekehrt. Kinder nehmen verschiedene Hautfarben sowie Besonderheiten jeweiliger Kulturen, wie Essen und Feiertage, wahr. Auch Reich und Arm können Kinder anhand der Spielzeuge, Urlaubsreisen und anderen Statussymbole kategorisieren. Kindern aus reichen Familien wird dabei ein höherer Sozialstatus in der Gruppe zugesprochen als von Armut betroffenen Kindern.

BEACHTEN SIE! **Zum Problem wird das Denken in Kategorien und Gruppen, wenn dieses zur Vorurteilsbildung und schließlich zur Diskriminierung anderen gegenüber umschlägt.**

GUT ZU WISSEN **Studien brachten hervor, dass bereits Kindergartenkinder soziale Gruppen hinsichtlich des Geschlechts, der sozialen Herkunft oder Nationalität ein- oder ausgrenzen. Beobachtungen zeigten auch, dass Kindergartenkinder dabei gesellschaftliche Bewertungen übernehmen und diese sogar bewusst einsetzen, um andere auszugrenzen oder zu ärgern, z. B.: „Du bist so dick! Das ist eklig!" oder „Du bist ein Mädchen und kannst später keine Autorennen fahren. Das können nur Jungen. Du darfst also nicht mitspielen!" (vgl. Ali-Tani, C. 2017: 5).**

WAS KINDER NICHT KENNEN, STÖSST OFT ERST EINMAL AUF ABLEHNUNG

Die Entwicklung von Stereotypen nimmt zu, bis die Kinder das Schulalter erreicht haben. Dieses ist entwicklungspsychologisch als normal einzuordnen. Es zeigt, dass Kinder ihre Umwelt wahrnehmen und sich dabei an den **KATEGORIEN** orientieren, die sie kennen und an die sie sich gewöhnt haben. Daher kommt es z. B. vor, dass Vorschulkinder, die keine dunkelhäutigen Menschen in ihrem Umfeld haben, weniger gern mit einem dunkelhäutigen Kind spielen möchten als mit einem hellhäutigen. Die Kinder sind dabei nicht in der Lage, ihre **ABLEHNUNG** zu begründen. Fragt man ein Kind, könnte die Antwort lauten: „Ich will nicht mit dem Kind spielen, weil es eine dunkle Haut hat." – aber eine wirkliche Begründung kann es nicht liefern. Das altbekannte Sprichwort: „Was der Bauer nicht kennt, isst er nicht!" gilt auch hier: Alles, was das Kind nicht kennt und ihm nicht ähnlich ist, woran es sich nicht gewöhnt hat und was ihm noch fremd und unbekannt ist, lehnt es zunächst ab. Es stuft das **FREMDE** immer schlechter ein als das Vertraute, wobei dieses sicher nicht für alle Kinder gilt (vgl. Pejic 2017: 137).

Wir können uns den Stereotypen, denen wir alltäglich begegnen, nicht entziehen. Sie werden quasi einverleibt, abgespeichert und laufen automatisch ab (vgl. Banaji, Greenwald 2015: 88). Eine soziale Gruppe gut oder weniger gut zu finden und lieber weniger gern mit ihnen zu tun zu haben als mit anderen, entsteht einerseits durch die identitätsstiftende **SELBSTKATEGORISIERUNG** („Meine Gruppe: Da gehöre ich hin. Eine andere Gruppe: Das sind die anderen.") – und andererseits durch **GEWOHNHEIT** („Kenne ich: ist gut. Kenne ich nicht: ist nicht so gut.") Dazu kommt noch die Verknüpfung von positiven Gefühlen mit Dingen und Menschen der eigenen Lebensumwelt. Z. B.: Weiße Menschen mit sächsischem Dialekt oder eine bestimmte Schokoladensorte sind seit der Geburt bekannt und durch die positiven Erfahrungen positiv besetzt und im Gehirn auch so gespeichert.

BEACHTEN SIE! Wenn die Kinder keinen direkten Kontakt zu bestimmten Dingen oder Menschen haben und dementsprechend nicht über eigene Erfahrungen verfügen, orientieren sie sich an den Beurteilungen ihrer erwachsenen **Bezugspersonen**. Sie hören Wertungen, beobachten das Verhalten und übernehmen dieses (vgl. Pejic 2017: 137).

AUS BEOBACHTUNGEN KÖNNEN KINDER SCHNELL VORURTEILE BILDEN

Ein Psychologinnenteam führte mit 4- und 5-jährigen Kindern folgendes Experiment durch: Die Kinder sahen zwei Filme, in denen jeweils eine Frau eine andere begrüßte und ihr dann eines von zwei Spielzeugen gab. Die Frauen sagten in beiden Filmen dasselbe. Aber durch die Körpersprache unterschieden sie sich. Im ersten Film zeigte die Spielzeuggeberin gegenüber der zweiten Frau, welche ein rotes T-Shirt trug, eine positive Haltung (lächelnd und zugewandt). Im zweiten Film drückte die Spielzeuggeberin durch ihre Körpersprache Ablehnung und Widerwillen gegenüber der zweiten Frau aus, die in diesem Film ein schwarzes T-Shirt trug. Nachdem die Kinder beide Filme gesehen hatten, wurde sie gefragt, welche der beiden Frauen (denen das Spielzeug gegeben wurde) sie netter fanden und wem sie auch ihr Spielzeug geben würden. Die Kinder wählten die Frau, die im ersten Film nett behandelt wurde. Selbst ohne etwas über die Person im schwarzen bzw. roten T-Shirt zu sagen, bilden Kinder aufgrund der körpersprachlichen Signale Vorurteile. Und das schon nach dem Beobachten einer einzigen Situation (vgl. Wissenschaft.de 2016).

KINDERFILME VERMITTELN GESELLSCHAFTLICHE VORURTEILE

Kinder lernen nicht nur aus Familie, Kita und ihrem sozialen Umfeld. Medien haben einen Einfluss auf die Bildung von Vorurteilen. In Büchern, Filmen, in Hörspielen – überall tauchen Stereotype auf. Später sind sie dann auch auf Merchandisingprodukten allgegenwärtig. Die Kinder lernen die Stereotype dann durch Bilder auf T-Shirts, Schlüsselanhängern oder Kinderrucksäcken kennen. Hellhäutige, blonde, schlanke Prinzessinnen mit großen Augen und langen Wimpern oder muskelbepackte, gefühlskalte Medienhelden – die Rollenbilder sind eng. Durch die tausendfachen Wiederholungen der Stereotype brennen sich die Bilder ein und wir hinterfragen sie irgendwann nicht mehr. Die Kinder bekommen im Laufe des Aufwachsens mit, dass verschiedene soziale Gruppen gesellschaftlich unterschiedlich bewertet werden, und übernehmen diese Wertung – also diese Vorurteile. Woher sonst wissen die meisten deutschen Jugendlichen, dass Witze über Pol*innen von dem Vorurteil leben, dass alle Pol*innen stehlen.

Erschreckend ist, dass **GESELLSCHAFTLICHE VORURTEILE** auch von einigen Kindern, die zur diskriminierten Gruppe gehören, übernommen werden! Dies wurde bereits in den 1940er-Jahren festgestellt. In einem Experiment, in dem Kindergartenkindern eine weiße und eine schwarze Puppe gezeigt wurden, sollten die Kinder sagen, welche der Puppen die hübschere und nettere ist. Viele schwarze Kinder identifizierten sich mit der schwarzen Puppe. Zum Spielen aber wählte der Großteil – unabhängig von der eigenen Hautfarbe – die weiße Puppe. Kinder greifen also die Vorurteile ihrer Umgebung auf und diskriminierte Kinder identifizieren sich mit ihrem **STIGMA**.

Überprüfen Sie einmal, welche **MEDIENHELD*INNEN** Ihr Kind bevorzugt. Wen findet es toll? Mit wem beschäftigt es sich gern und wie möchte es sein? Welche Identifikationsfiguren bieten Sie Ihrem Kind also an? Sind es lediglich stereotypisierte hübsche, starke, schlaue, hellhäutige Figuren? Oder gibt es auch dickliche oder ungeschickte unter ihnen?

BEWUSSTES HINTERFRAGEN DER VORURTEILE MUSS ERLERNT WERDEN

Nur durch ein bewusstes **REFLEKTIEREN** – „Was denke ich? Was tue ich? Was für Konsequenzen hat mein Denken und Handeln?“ – können Stereotype infrage gestellt und Vorurteile verhindert werden. Kinder sind dazu kognitiv allerdings im Vorschulalter noch nicht in der Lage. In der Grundschulzeit nimmt das kategorische Denken ab. Die Kinder sind zunehmend in der Lage, Sachverhalte zu bewerten und einen differenzierteren Blick auf die Dinge zu haben, und können Stereotype hinterfragen. So wissen sie nun, dass ein Junge auch gern lange Haare mit einer rosafarbenen Haarspange tragen kann, und dennoch ein Junge bleibt (vgl. Erzieherin.de 2012). Nach der Grundschulzeit bleiben stereotypische Annahmen und Vorurteile erhalten, wenn das Kind keine Erfahrungen macht, die ihm das Gegenteil zeigen. Auch Fehlinterpretationen der frühen Kindheit bleiben bestehen, wenn Erwachsene das Kind nicht aufklären.

BEACHTEN SIE! **Schämen Sie sich nicht und werden Sie nicht panisch oder wütend auf Ihr Kind, wenn es Vorurteile äußert, wie etwa, dass alle Menschen mit dunkler Hautfarbe Flüchtlinge sind. Machen Sie sich klar, dass Ihr Kind sich die Betrachtung der Welt durch diese Kategorisierung der Menschen in Gruppen, die oft mit Vorurteilen einhergeht, vereinfacht. Die Kinder nutzen das Wissen, das sie bisher sammeln konnten – aus Medien, aus Beobachtungen und Äußerungen ihnen nahestehender Personen – und ziehen ihre Schlüsse daraus. Es ist nun notwendig, die Gedankengänge der Kinder in ein reales, vorurteilsfreies Bild zu rücken. Das schaffen die Kinder nicht allein.**

3

Kinder vorurteilsbewusst erziehen:

Wie Sie das schaffen!

Kinder übernehmen gesellschaftliche Vorurteile, aber Sie als Eltern sind zunächst die wichtigsten **BEZUGSPERSONEN** für Ihr Kind. Deshalb sind Sie maßgeblich daran beteiligt, was Ihr Kind aus der Umwelt mitbekommt und welche Vorurteile Ihr Kind bildet.

KINDERN DIE VIELFALT AN LEBENSWELTEN ERÖFFNEN

Helfen Sie Ihrem Kind, das Weltwissen zu erweitern. Je mehr Kinder über verschiedene **LEBENSWELTEN** und **LEBENSWEISEN** anderer Menschen wissen, desto besser können sie sich ein Bild von ihrer gesamten Umwelt machen. Um stereotypischem Denken und Vorurteilen bei Kindern rechtzeitig entgegenzuwirken, ist es wichtig, dass die Kinder eigene, positive Erfahrungen mit Gruppen, denen häufig mit Vorurteilen begegnet wird, machen können. Ermöglichen Sie einen wiederkehrenden, positiven Kontakt. So haben die Kinder die Chance, Angst oder negative Einstellungen vor dem Unbekannten und Ungewohnten aufzulösen. Das ist sehr wirksam gegen Vorurteile.

BEACHTEN SIE! **Selbstverständlich ist es sehr unrealistisch und auch nicht Sinn und Zweck, ein homosexuelles Paar, beeinträchtigte Menschen oder Menschen afrikanischer Abstammung zum Abendessen einzuladen, damit das eigene Kind Kontakt aufnehmen kann. Menschen mit und ohne Beeinträchtigungen, mit allen möglichen Hautfarben, in allen möglichen Altersstufen oder sexuellen Identitäten gibt es im Alltag eines jeden Menschen.**

TIPP!

Oft ergeben sich spontane Begegnungen. Fragen Sie z. B. einen Herrn, der am Rollator geht, ob er Hilfe braucht? Halten Sie einer Frau im Rollstuhl die Tür auf oder bieten Sie einem alten Menschen Ihren Platz in der Bahn an. Gehen Sie gemeinsam mit wachen Augen durch die Welt und zeigen Sie Interesse an anderen Menschen.

In sehr vielen Untersuchungen wurde deutlich, dass durch Kontakt Vorurteile reduziert werden können. Flüchtige Begegnungen, wie etwa auf einem Sport- oder Straßenfest, reichen dabei nicht aus. Gut ist, wenn gemeinsame Ziele verfolgt werden, z. B., sich gemeinsam um einen Garten kümmern, ihn pflegen, darin Zeit verbringen oder gemeinsam eine Tanzgruppe gründen (vgl. Breuer, 2016). Sehr wohl können Medien, wie beispielsweise Bilderbücher mit ihren Geschichten, dazu beitragen, Vorurteile kritisch zu hinterfragen. Die Vorschulkinder benötigen dabei allerdings Unterstützung und Anregungen von Erwachsenen.

AUF DEN PUNKT

Haben Kinder regelmäßigen und positiven Kontakt zu Menschengruppen, die mit Vorurteilen behaftet sind, können sich die kindlichen Vorurteile auflösen. Die Furcht vor dem Unbekannten und die negative Einstellung können durch die realen Erfahrungen verschwinden.

SEIEN SIE EIN VORBILD

Kinder lernen durch **NACHAHMUNG**. Sie übernehmen zunächst die Haltungen ihrer erwachsenen Bezugspersonen. Also geht es zunächst um Ihre **HALTUNG**. Sensibilisieren Sie sich für Ihre Vorurteile. Dabei geht es nicht nur um negative, sondern auch um positive Vorurteile. Ein positives Vorurteil könnte beispielsweise sein, dass Frauen bessere Erzieherinnen, Kinderpflegerinnen oder Krankenschwestern sind als Männer. Damit werden Frauen auf Umsorgen und Pflegen festgelegt. Ein anderes positives Vorurteil ist, dass alle Afrikaner*innen gut tanzen können. Menschen können das Tanzen nur gut erlernen, wenn sie in einem Umfeld mit Musik und Tanz aufwachsen. Das tun sicher nicht alle afrikanischen Menschen.

Welche stereotypischen Denkmuster haben Sie und welche Vorurteile bestimmen Ihr **ALLTÄGLICHES HANDELN**?

- Wie reagieren Sie beispielsweise auf einen weinenden Jungen oder Mann? Trösten Sie den Jungen, der weint, genauso lange wie das Mädchen?
- Was denken und wie handeln Sie, wenn ein Obdachloser Sie um Geld bittet?
- Haben Sie Angst, wenn ein beeinträchtigter Mensch Sie anspricht, und gehen der Situation aus dem Weg?
- Kaufen Sie Ihrer Tochter das rosa Osterhasen-Überraschungsei oder das blaue?
- Gehen Sie in den Ihnen bekannten Supermarkt oder testen Sie den neuen Supermarkt neben Ihrem Haus mit den türkischen Lebensmitteln?

- Setzen Sie sich in der Bahn lieber neben die alte Frau mit der Einkaufstasche auf den Knien als neben die Frau, die eher aussieht wie ein Mann?

Egal für welches Verhalten Sie sich entscheiden – entscheiden Sie sich wirklich? Wahrscheinlich laufen Entscheidungen, wie z. B. die Platzwahl in der Bahn, unbewusst ab. Halten Sie bitte kurz inne und überlegen Sie, wieso Sie sich so entscheiden und nicht anders. Lassen Sie sich von Vorurteilen oder schlechten Erfahrungen leiten? Wie wäre es, wenn Sie sich bewusst einmal anders entscheiden, um das eigene **WELTWISSEN** zu erweitern? Ihre Tochter freut sich über den kleinen Bausatz aus dem blauen Osterhasen-Überraschungsei, denn so etwas hat sie noch nicht. Und die Frau, die männlich wirkt, beißt sicher nicht.

Welche stereotypischen Bilder oder Vorurteile gegenüber anderen Kulturen haben Sie im Kopf? **KULTUR** bildet letztendlich einen Alltag ab. Es geht z. B. um bestimmte Regeln, Speisen oder Kleidung. Nehmen Sie die eigene Kultur nicht als selbstverständlich und allgemeingültig hin. Kultur kann als eine Art Orientierungssystem betrachtet werden, wie die Welt gesehen wird. Versuchen Sie, **FREMDE KULTUREN** kennenzulernen und zu verstehen, um so toleranter und vorurteilsfreier zu werden. Beispielsweise finden Sie es unmöglich, dass die Eltern von Aabid ihren Kindern immer kleine, meist ungesunde und in Plastik verpackte Lebensmittel als Frühstück mit in die Kita geben. Ihr Kind nervt Sie nun beim Einkaufen und möchte, dass Sie ihm auch dieses Frühstück kaufen. Sie lehnen das Verhalten von Aabids Eltern ab, denn – abgesehen davon, dass es ungesund ist – entsteht viel Plastikmüll, der nicht gut für die Umwelt ist. Ihre Denkweise ist verständlich. Aufgrund der Erfahrungen von Aabids Familie lässt sich aber auch ihr Handeln nachvollziehbar erläutern: Die Familie ist aus Syrien geflohen und die abgepackten Lebensmittel waren das Beste, was sie als Nahrung auf der beschwerlichen Flucht haben konnten. Es ist hygienisch sauber. Nun wollen Aabids Eltern das Beste für ihr Kind und geben ihm dieses verpackte Frühstück mit. Mit diesem Wissen können Sie die Situation durch eine andere kulturelle Brille betrachten und anders einordnen und bewerten.

AUF DEN PUNKT

Kinder übernehmen zunächst die Haltungen ihrer erwachsenen Bezugspersonen. Sensibilisieren Sie sich für Ihre Vorurteile. Nehmen Sie die eigene Kultur nicht als selbstverständlich und allgemeingültig hin, sondern nutzen Sie sie als eine Art Brille, durch die Sie die Welt betrachten können. Das ist sehr spannend und aufschlussreich. Das gilt nicht nur für Kultur. Auch andere Bereiche des Lebens, wie das Denken über Arbeitslose, Obdachlose, Männer und Frauen, transgeschlechtliche Menschen etc., können neu betrachtet werden.

„WIESO? WESHALB? WARUM?“ – DIE FRAGEN DES KINDES BEANTWORTEN

Kinder sind neugierig und wollen alles über ihre Welt erfahren. So fragen Kinder im Alter von zwei Jahren: „Was ist das?“ Kindergartenkinder fragen „Warum?“ und nach der Antwort des Erwachsenen erneut „Warum?“. Sie wollen den Dingen auf den Grund gehen. „Wo liegt China?“, „Welche Tiere gibt es in Amerika?“, „Wo war ich, bevor ich in Mamas Bauch war?“, „Träumen Hunde in der Nacht?“, „Warum ist das Blut rot?“, „Wieso habe ich glatte Haare?“, „Wieso hat die Frau nur ein Bein?“, „Wieso hat der Mann dunkle Haut?“, „Wieso schläft der Mann auf der Parkbank?“. Kinder fragen so viel, dass es Erwachsenen manchmal schon zu anstrengend wird, all die Fragen zu beantworten. Sie sind kleine Wissenschaftler*innen und geben sich mit ausweichenden Antworten meist nicht zufrieden. Bekommen die Kinder keine Antworten, so schlussfolgern sie selbst und stellen ihre eigenen Theorien auf. Diese können dann oft nicht der Realität entsprechen.

TIPP!

Beantworten Sie also die Fragen der Kinder einfach, wertfrei und an Fakten orientiert. Versuchen Sie nicht, die Fragen wegzureden, wie etwa „Ist doch nicht wichtig, welche Hautfarbe jemand hat!" oder „Ob Junge oder Mädchen spielt doch keine Rolle".

Es gibt Unterschiede zwischen Menschen, Kulturen, Religionen und Geschlechtern. Kinder nehmen diese Unterschiede wahr und wollen diese verstehen. Es sollten aber keine Wertungen dabei entstehen. Ignorieren Sie die **UNTERSCHIEDE** nicht, sondern machen Sie Ihr Kind besonders auf die **GEMEINSAMKEITEN** aufmerksam. So haben Jungen und Mädchen oder Menschen mit unterschiedlicher Hautfarbe oder Beeinträchtigungen stets mehr Gemeinsamkeiten als Unterschiede.

„Guck mal, Papa! Ist der Mann fett! Der isst bestimmt nur Chips! Oder?", „Ist die Frau mit dem Kopftuch eine Hexe?" oder „Der Alte hat ja nur ein Bein. Das sieht ja witzig aus." Wenn Ihr Kind – oder ein anderer Mensch – jemanden diskriminiert, wenden Sie sich nicht errötend ab oder verbieten dem Kind peinlich berührt den Mund.

BEACHTEN SIE! **Ignoranz ist keine gute Option. Das Kind hat keine Chance, zu erkennen, dass es mit seiner Äußerung jemanden diskriminiert hat, und Sie schützen die Person nicht, die diskriminiert wurde. Ihr Kind wird mit Sicherheit nicht im Sinn haben, einen fremden Menschen zu beleidigen oder zu ärgern. Es sind echte Fragen, die Kinder stellen, und sie haben ein Recht auf ehrliche Antworten. Sprechen Sie mit Ihrem Kind darüber und klären Sie es auf. Manchmal ist es auch sinnvoll, mit dem diskriminierten Menschen ins Gespräch zu kommen.**

AUF DEN PUNKT

Es gibt Unterschiede zwischen Menschen, Kulturen, Religionen und Geschlechtern. Kinder wissen das und möchten diese verstehen. Sie fragen Erwachsene. Wenn sie jedoch keine befriedigende Antwort bekommen, machen sie sich ihren eigenen Reim, der die Realität verzerrt darstellen kann. Beantworten Sie also die Fragen der Kinder einfach, wertfrei und direkt an Fakten orientiert. Und wenn Sie es selbst nicht wissen, dann finden Sie es mit Ihrem Kind gemeinsam heraus! Ignorieren Sie keine diskriminierenden Äußerungen Ihres Kindes, sondern gehen Sie ins Gespräch.

DIE RICHTIGEN WORTE FINDEN – NEGERKUSS? BEHINDERT? FRÄULEIN? WAS DARF ICH HEUTE NOCH SAGEN?

Es gibt viele Bezeichnungen für Menschen und Dinge, mit denen wir aufgewachsen sind, die als **RASSISTISCH** bezeichnet werden: „Negerkuss", „Zigeunerschnitzel" oder das Spiel „Wer hat Angst vorm schwarzen Mann?". **SPRACHE** kann verletzen und kränken. Um das zu vermeiden, wählen Sie Begriffe bewusst.

SCHWARZE, FARBIGE, DUNKELHÄUTIGE?

WELCHE BEZEICHNUNG IST KORREKT?

Die Bezeichnung „Neger" bedeutet, abstammend vom lateinischen Begriff „niger", „schwarz". In der Kolonialzeit wurde „Neger" über die Hautfarbe hinaus zu einer Bezeichnung aller dunkelhäutigen Menschen, die als „minderwertige Rasse" abgestempelt und als Sklav*innen ausgebeutet wurden.

Manche sagen auch „farbiger Mensch". Diese Bezeichnung hat auch keinen guten Beigeschmack, weil sie früher schon von Weißen genutzt wurde. Es ist ein kolonialisierter und damit negativer Begriff.

Die Bezeichnungen „schwarz“, „schwarze Deutsche“ oder „Afrodeutsche“ sind politisch korrekt. Möglich ist auch der Begriff „People of Color“, welcher derzeit oft für nicht weiße Menschen genutzt wird. Dieses ist eine internationale Selbstbezeichnung von und für Menschen, die rassistische Erfahrungen aufgrund ihrer nicht weißen Hautfarbe gemacht haben.

Bei genauerer Betrachtung ist die Bezeichnung der **HAUTFARBE** in vielen Situationen nicht notwendig. „Auf dem Spielplatz neulich war ein schwarzes Kind, das so hoch klettern konnte. Wahnsinn!“ – Ist das Nennen der Hautfarbe für das Erlebnis von Bedeutung? Den Satz: „Auf dem Spielplatz war neulich ein weißes Kind, was so hoch klettern konnte. Wahnsinn!“, sagt niemand in Deutschland. Die tatsächlichen Hautfarben werden mit „die Weißen“ und „die Schwarzen“ sowieso nicht genannt. Welche Menschen sind schon weiß oder schwarz? Menschen haben die unterschiedlichsten Hautfarben. Rosa oder beige wäre treffender als weiß. Hellbraun oder dunkelbraun wäre meist angemessener als schwarz. Deshalb wird die Unterscheidung in schwarze und weiße Menschen von vielen Menschen auch nicht als angeborene Tatsache gesehen, sondern als politische oder soziale Konstruktion, in der Weiße privilegiert sind. „Hautfarben“ ist übrigens auch eine typische Farbbezeichnung im Stifteset unserer Kinder für die Farbe Beige. Leider passt sie nur auf hellhäutige Menschen, die hier als Norm gesehen werden. Alle anderen sind eine Abweichung der Norm. Sinnvoller ist es, bei dem Begriff „beige“ zu bleiben.

GUT ZU WISSEN **Um rassistische Sprache zu minimieren, wurden beispielsweise viele Kinderbücher in den letzten Jahren überarbeitet. So gibt es bei Pippi Langstrumpf keinen „Negerkönig“ mehr. Und mittlerweile verbessert wahrscheinlich jedes Kind seine Oma, wenn diese in der Bäckerei nach einem Negerkuss oder Mohrenkopf verlangt.**

Auch die christliche Farbsymbolik spielt in unserer Sprache eine Bedeutung: Während Weiß für das Gute und Reine steht, symbolisiert Schwarz das Böse. So ist beispielsweise das „Schwarzfahren" in Bussen und Bahnen oder auch „Schwarzarbeit" ein Zeichen für Illegales. Hilfreich ist es, wenn wir viele Alltagsbegriffe hinterfragen und uns Alternativen ausdenken, damit das **RASSISTISCHE** in unserer Sprache verschwindet.

„DIE TÜRKEN IN DEUTSCHLAND SIND DOCH ALLE AUSLÄNDER!"

Als **„AUSLÄNDER*INNEN"** werden Menschen bezeichnet, die keine deutsche Staatsbürgerschaft haben. Fälschlicherweise werden auch **„MIGRANT*INNEN"** oft als Ausländer*innen bezeichnet (vgl. Amnesty International 2017). Laut Empfehlung der Vereinten Nationen umfasst der Begriff „Migrant*innen" Menschen, die seit mindestens einem Jahr ihren Wohnsitz in ein anderes Land verlegt haben. In Deutschland gibt es viele Migrant*innen, die mittlerweile die deutsche Staatsangehörigkeit besitzen, also Deutsche sind. Sie als Ausländer*innen zu bezeichnen, ist also nicht richtig. Zudem ist dieser Begriff mittlerweile auch negativ behaftet (vgl. Europäisches Migrationsnetzwerk, 2018: 228).

ASYLANT*IN? FLÜCHTLING? GEFLÜCHTETE*R?

Der Begriff „Flüchtling" wird aus mehreren Gründen kritisiert: Zum einen, weil die Endung „-ing" in negativ bedeutenden Wörtern vorkommt (z. B. Fiesling) oder zum anderen in verniedlichenden Wörtern (z. B. Liebling). Zudem gibt es keine weibliche Form des Wortes. Das Wort **„GEFLÜCHTETE"** ist deshalb angemessener. Und noch aussagekräftiger ist das Wort **„SCHUTZSUCHENDE"**. Schließlich flüchten die Menschen vor Krieg und Gewalt und suchen in Deutschland Schutz. Das Wort „Asylant*in" ist sehr negativ besetzt und sollte nicht mehr verwendet werden (vgl. Pro Asyl 2016).

INDIANER*IN? ESKIMO? UREINWOHNER*IN?

Der Begriff „Indianer*in" ist irreführend. Sie gibt es so nicht und gab es nie. Der Begriff wurde den ursprünglichen Bewohner*innen Nord- und Südamerikas im Laufe der Kolonialisierung aufgezwungen. Er steht im Zusammenhang mit der Vernichtung vieler Menschen der Personengruppe.

Der Begriff „Eskimo" meint die Ureinwohner*innen der Arktis. In der Sprache der Athabaska, einem Stamm nordamerikanischer Ureinwohner*innen bedeutet er „Rohfleischfresser*in". Möglicherweise könnte es aber auch aus einer anderen indianischen Sprache stammen und „Schneeschuhflechter*in" heißen. Viele Ureinwohner*innen der Arktis fühlen sich durch die Bezeichnung „Eskimo" beleidigt und ziehen das Wort **„INUIT"** (Menschen) vor (vgl. Gesellschaft für bedrohte Völker, 2006).

Seit den 1980er-Jahren werden alle **UREINWOHNER*INNEN**, Völker und Stämme eines Kontinents, die ihn als Erstes besiedelt haben, als **„INDIGENE VÖLKER"** bezeichnet. Damit sind die Ureinwohner*innen Nord-, Mittel- und Südamerikas („Ureinwohner*innen Amerikas"), der Arktis („Inuit"), aus Nordeuropa („Sami"), aus Neuseeland („Maori"), aus Australien („Aboriginis") aus Nepal („Tibeter*innen"), aus Algerien („Tuareg"), aus Afrika („Pygmä*innen") und viele weitere Völker und Stämme gemeint (vgl. Klima-Bündnis der europäischen Städte mit indigenen Völkern der Regenwälder e. V., 2020).

BEHINDERTE? ANDERSBEFÄHIGTE? VERHALTENSORIGINELLE?

Die Bezeichnung „Behinderte" reduziert den einzelnen Menschen auf seine Behinderung. Zudem werden alle Menschen, die eine Behinderung haben, zu einer Gruppe zusammengefasst. Beeinträchtigungen sind jedoch sehr unterschiedlich und vielfältig, sodass diese Menschen nicht als eine Gruppe zusammengefasst werden können. Behinderung wird oft mit Leid und einem schlechten Leben assoziiert. Beispielsweise wird gesagt, jemand leide unter einer Behinderung. Man könnte aber auch sagen, ein Mensch ist nicht behindert, sondern wird behindert. Er wird von der Umwelt und Gesellschaft behindert, die sich stark an einer Norm orientiert und nicht barrierefrei gestaltet ist. So hätte ein gehörloser Mensch weniger Probleme, wenn mehr Menschen die Gebärdensprache beherrschen und im Fernsehen stets Untertitel laufen würden. Ein Mensch im Rollstuhl hätte weniger Schwierigkeiten, wenn alle Gebäude mit Rollstuhlrampen und Fahrstühlen ausgestattet wären. Angemessener ist die Bezeichnung **„BEEINTRÄCHTIGTER MENSCH“.**

GUT ZU WISSEN **Aus Angst, beeinträchtigte Menschen zu diskriminieren, entwickelten sich Ausdrücke, wie „anders befähigt“, „verhaltensoriginell“ oder ein Mensch mit „besonderen Bedürfnissen“. Diese Begriffe sind nicht unbedingt zutreffend, denn das Verhalten, die Fähigkeiten und Bedürfnisse beeinträchtigter Menschen sind genauso unterschiedlich und vielfältig wie die aller Menschen dieser Welt (vgl. Leidmedien, 2020).**

IST ES WIRKLICH SO WICHTIG, DIE UMSTÄNDLICHE WEIBLICHE FORM STETS MITZUSPRECHEN?

GESCHLECHTERGERECHTE SPRACHE ist wichtig, damit sich kein Geschlecht diskriminiert fühlt. In der deutschen Sprache werden zumeist Frauen diskriminiert. So sollte man beispielsweise herabwürdigende Begriffe wie „Fräulein“, „Heulsuse“, „Zimperliese“ oder „Milchmädchenrechnung“ verzichten.

BEACHTEN SIE! **Achten Sie darauf, die weibliche Form mitzusprechen.**

In der Regel sprechen wir in der männlichen Form und die Frauen sollen sich mitgemeint fühlen. 99 Frauen, die in einem Orchester spielen, werden als „Musikerinnen“ bezeichnet. Sind 98 Frauen und ein Mann im Orchester, wird schon von „Musikern“ gesprochen. Sprache ruft Bilder im Kopf hervor. Wenn von einer „Fortbildung für Informatiker“ die Rede ist, so stellen wir uns mehrere Männer in einem Tagungsraum an Computern vor. Frauen sollen sich aber mitgemeint fühlen. Wenn von einer „Fortbildung für Informatikerinnen“ die Rede ist, fühlen sich Frauen angesprochen und Männer fühlen sich nicht automatisch mitgemeint. Grundsätzlich sollte das **GENDERSTERNCHEN *** genutzt werden, also beispielsweise „Informatiker*innen". Hier fühlen sich Frauen, Männer und Intergeschlechtliche gleichermaßen angesprochen. Eine weitere Möglichkeit ist es, neutrale Wörter zu verwenden, z. B. statt „Student*innen" „Studierende".

Und wie ist es mit den Wörtern **„SCHWUL"** und **„LESBISCH"**? Für **HETEROSEXUELLE MENSCHEN** gelten sie manchmal als Schimpfwörter. Für homosexuelle Menschen allerdings nicht. Sie beschreiben ihre sexuelle Identität als schwuler Mann oder lesbische Frau.

AUF DEN PUNKT

Nutzen Sie Sprache sensibel, damit sich kein Mensch beleidigt oder diskriminiert fühlt. Bringen Sie Ihrem Kind von Beginn an die korrekten Begriffe bei. Wenn Sie sich in der einen oder anderen Situation unsicher sind, welcher Begriff der richtige ist, so schämen Sie sich nicht, Ihre Unsicherheit zu zeigen, und fragen Sie Ihr Gegenüber ganz einfach.

RASSISMUS BEI DER FASCHINGSFEIER? – DARF MEIN KIND SICH ALS INDIANER*IN ODER ALS CHINESE BZW. CHINESIN VERKLEIDEN?

Faschingszeit im Kindergarten. Ein klassisches Faschingskostüm ist das des Indianers bzw. der Indianerin. Dabei wird auf ein stereotypisches Bild zurückgegriffen, das die Figuren Winnetou oder Yakari vorgeben. Dieses trifft nicht auf mehrere Hundert Stämme zu, die sich in Sprache, Trachten, Religion und Kultur unterscheiden. Federschmuck und Kriegsbemalung werden zur Dekoration der Verkleidung genutzt und die wahren Bedeutungen werden respektlos ignoriert. Schließlich verkleidet sich ja auch kein Kind als Europäer*in. Dieses verfremdete unrealistische Bild des amerikanischen Ureinwohners bzw. der Ureinwohnerin nehmen die Kinder als Realität wahr und reproduzieren es jedes Jahr zur Faschingszeit aufs Neue. Ähnliches gilt für die Verkleidung als Afrikaner*in, schwarz bemalt und im Baströckchen, oder als Chinese bzw. Chinesin mit Cheongsam und gemalten Schlitzaugen. Zum einen spiegeln diese stereotypischen Verkleidungen falsche und diskriminierende Bilder der Realität. Und zum anderen diskriminieren und beschämen die Verkleidungen die chinesischen, afrikanischen etc. Kinder!

BEACHTEN SIE! **Verkleidungen sollen Kindern die Möglichkeit geben, sich anders zu erleben und sich anders zu geben. Es ist wünschenswert, dabei auf die Verkleidungen zu verzichten, die Personengruppen diskriminieren (vgl. Wolter 2016).**

AUF DEN PUNKT

Eltern sollten Kinder darin unterstützen, Verkleidungen zu wählen, die Menschengruppen nicht diskriminieren. Es bieten sich Tierkostüme oder eine Verwandlung als Fabelwesen an.

BILDERBÜCHER UND FERNSEHEN ALS FENSTER ZUR WELT

Bilderbücher sind **MEDIEN**, die junge Kinder vorrangig nutzen. Sie vermitteln Wissen über die Welt. In vielen Büchern finden sich Stereotype wieder, beispielsweise wenn es um „die Indianer" geht oder das Leben der „Eskimos".

Des Weiteren finden die Kinder oft geschlechterstereotypische Darstellungen von Jungen und Mädchen bzw. von Männern und Frauen. Männer sitzen in den Autos, arbeiten bei der Feuerwehr oder besiegen den Drachen und Frauen sind die Sprechstundenhilfen beim Arzt, führen den Hund aus und bringen das Kind zur Kita. Selbst Tiere werden mit Haarschleifen und langen Wimpern weiblich gemacht und männliche Tiere werden durch eine Kappe oder blaue Latzhose markiert. Transgeschlechtliche oder intergeschlechtliche Menschen kommen in der Regel nicht vor.

Kinder sollen sich in den Bilderbüchern mit ihren Lebenswelten und Themen wiederfinden, also Vertrautes haben, aber auch Neues entdecken. Bücher sind Fenster zur Welt und der Blick über den eigenen Tellerrand hinaus ist bereichernd.

TIPP!

Lesen Sie Ihrem Kind Bilderbücher vor und nutzen Sie sie auch als Anstoß für Gespräche über Vielfalt.

BILDERBÜCHER ALS ANSTOSS FÜR GESPRÄCHE

Bilderbücher, die die Absurdität von Stereotypen thematisieren

Onano, Maurizia: Alles rosa. Berlin, Jaja Verlag, 2017

In diesem Buch werden die Geschlechterstereotype auf die Spitze getrieben. Jungen tragen rosa Kleidung? Süßigkeiten nur für Jungen? Das Buch bietet hervorragende Gesprächsanlässe zum Thema Stereotype.

Wenniges, Oliver: Prinzessin Horst, Hamburg, Carlsen Verlag, 2007

Auch in diesem Buch wird mit der Kultur der Zweigeschlechtlichkeit, Trends und Stereotype gespielt. Die Königseltern wünschen sich einen kleinen Prinzen. Sie bekommen jedoch ein Mädchen. Sie geben ihr den Namen Horst. Das Volk ist begeistert! Ein neuer Trend ist gesetzt und viele Jungen und Männer geben sich weibliche Vornamen …, bis Prinz Daniela geboren wird.

Bilderbuch zum Thema Toleranz

Stalfelt, Pernilla: So bin ich und wie bist du? Ein Buch über Toleranz, Leipzig, Klett Kinderbuch Verlag, 2014

Das Buch stellt Vielfalt anhand von Sprache, Essensvorlieben oder Aussehen dar. Der Begriff „Toleranz" wird erläutert und wie Menschen tolerant sein können.

Thies, Frank/Breuer, Martin: Die neun bunten Königreiche. Queere Märchen – nicht nur für Kinder, Norderstedt, Books on Demand, 2018

Besonders in Märchen werden Stereotype aller Art dargestellt. Es gibt blonde, schlanke Prinzessinnen, die auf Schönheit bedacht sind und darauf warten, gerettet zu werden, und sportliche Prinzen, die Drachen besiegen und die Prinzessinnen retten. Alternativ dazu gibt es dieses Märchenbuch. Es endet mit der Hochzeit eines Prinzenpaares.

Bilderbücher, die beeinträchtigte Menschen in den Vordergrund stellen

Klein, Horst/Osberghaus, Monika: Alle behindert! 25 spannende und bekannte Beeinträchtigungen in Wort und Bild. Leipzig, Klett Kinderbuch Verlag, 2019

Kindgerecht werden verschiedene Arten von Beeinträchtigungen beschrieben. Kinder kommen mit ihren Fähigkeiten und Vorlieben zu Wort. Hier wird klar: Wir sind uns alle ganz schön ähnlich!

Sodtke, Matthias: Bist du krank, Rolli-Tom? Oldenburg/Hamburg, Lappan Verlag, 2011

Nulli und Priesemut bekommen Besuch von ihrem Freund Tom. Er sitzt im Rollstuhl. Nulli und Priesemut sind unsicher, wie sie mit der Situation umgehen sollen. Tom bringt ihnen bei, dass er nicht besonders behandelt werden möchte, sondern ganz normal.

Bilderbücher zur Vielfalt von Familienmodellen

Maxeiner, Alexandra/Kuhl, Anke: Alles Familie! Vom Kind der neuen Freundin vom Bruder von Papas früherer Frau und anderen Verwandten. Leipzig, Klett Kinderbuch Verlag, 2010

In diesem Buch werden alle möglichen Familienformen in humorvollen Zeichnungen dargestellt und erläutert. Es regt besonders an, darüber nachzudenken, in was für einer Familie Ihr Kind selbst aufwächst oder andere Kinder, die es kennt. Nahezu jedes Kind findet sich mit einer eigenen Familienkonstellation in diesem Buch wieder. Leider werden transgender Eltern nicht dargestellt. Dieses Buch eignet sich für ältere Kindergartenkinder und Schulkinder.

Ein weiteres ansprechendes Bilderbuch zu diesem Thema ist das von *Hoffmann, Mary/Asquith, Ros: Du gehörst dazu. Das große Buch der Familien. Frankfurt am Main, Verlag Fischer Sauerländer, 2010.*

Bilderbuch mit intergeschlechtlicher Hauptfigur

Rosen, Ursula/Isensee, Alina: Jill ist anders. Lingen, Salmo Verlag, 2015

In diesem Buch geht es um ein Kind namens Jill, das neu in eine Kindergartengruppe kommt. Die Kinder fragen sich, ob Jill ein Junge oder ein Mädchen ist. Die Mutter von Jill sagt, dass sie es nicht wissen. Die Kinder äußern viele Gedanken, wie man dieses herausfinden könne. Jill ist intergeschlechtlich und dieses wird im Bilderbuch erklärt. Im Vordergrund stehen dabei die Gemeinsamkeiten der Kinder.

Bilderbuch mit transgeschlechtlicher Hauptfigur

Walton, Jessica/MacPherson, Dougal: Teddy Tilly. Frankfurt am Main, Sauerländer Fischer Verlag, 2016.

Der Junge Finn und sein Teddy Thomas sind gute Freunde und unternehmen viel zusammen. Eines Tages ist der Teddy traurig. Er vertraut seinem Freund an, dass er schon seit Langem den Wunsch hat, eine Teddybärin zu sein. Er möchte Tilly heißen. Es fällt ihm nicht leicht, dieses zu sagen, weil er Angst vor Ablehnung hat. Finn sieht darin ganz und gar kein Problem. Nun hat er eine Teddy-Freundin, die Tilly heißt, und sie unternehmen viel zusammen.

Bilderbücher, in denen homosexuelle Liebe thematisiert wird

De Haan Linda/Nijland, Stern: König und König. Hildesheim, Gerstenberg, 2014

In diesem Märchen sucht die Königin eine Gemahlin für ihren Sohn. Viele Prinzessinnen stellen sich ihm vor. Doch der Prinz verliebt sich in keine von ihnen, jedoch in den Bruder einer der Prinzessinnen. Märchenhaft verliebt sich auch der Bruder in den Prinzen. Es wird eine königliche Hochzeit gefeiert.

Scheerer, Susanne: Zwei Mamas für Oscar. Wie aus einem Wunsch ein Wunder wird. Hamburg, Ellermann Verlag, 2018

„Warum hat Oscar zwei Mamas?“, fragt sich Tilly. Ihre Schwester Frieda erklärt, dass sich Oscars Mamas ineinander verliebt und sich sehnlichst ein Kind gewünscht haben. Tillys Papa hat beiden dann seinen Samen gespendet. Und so ist Oscar entstanden.

Schreiber-Wicke, Edith/Holland, Carola: Zwei Papas für Tango. Stuttgart, Thienemann-Esslinger Verlag, 5. Auflage, 2017

Das Bilderbuch erzählt die wahre Geschichte, die sich in einem New Yorker Zoo zugetragen hat. Ein männliches Pinguinpärchen baut gemeinsam ein Nest. Die Tierpfleger lassen es ein Ei ausbrüten. Es zieht das Pinguinküken Tango gemeinsam groß.

Bilderbuch, das alte Menschen thematisiert

Kalch, Franziska: Alte Damen, Richtenberg, Verlag Michael Neugebauer Edition, 2008

Das Buch kann zum Nachdenken und Reden über Altersdiskriminierung anregen. Im Bilderbuch werden alte Damen dargestellt und die Leser*innen erfahren vieles aus ihrem Leben. Wie haben sie früher gelebt? Wie leben sie heute? Trotz einiger stereotypischer Darstellungsweisen regt es in humorvoller Weise zum Nachdenken über das Leben älterer Menschen, insbesondere Frauen, an. Und wenn die Oma das vorliest, kommen vielleicht noch weitere Geschichten danach zum Vorschein?

Das Pendant dazu gibt es übrigens auch: *Kalch, Franziska: Alte Herren, Richtenberg, Verlag Michael Neugebauer Edition, 2018*

Bilderbücher zum Thema kulturelle Vielfalt/Migration

Tuckermann, Anja/Schulz, Tine: Alle da! Unser kunterbuntes Leben. Leipzig, Klett Kinderbuch Verlag, 7. Auflage 2020

Das ansprechend gestaltete Bilderbuch stellt die Vielfalt des Lebens mit ihren Gemeinsamkeiten und Unterschieden von Familien und Lebensweisen dar.

Boie, Kirsten/Birck, Jan: Bestimmt wird alles gut. Leipzig, Klett Kinderbuch Verlag, 2016

Das Buch erzählt in deutscher und arabischer Schrift die Geschichte von zwei Geschwistern, die mit ihren Eltern vor dem Krieg in Syrien nach Deutschland geflohen sind.

Bilderbücher, die Armut thematisieren

Diözesan-Caritasverband f. d. Erzbistum Köln e. V. (Hrsg.)/Gemmel, Stefan/Piechote-Schobs, Sonja: Was ist los mit Marie? Köln, Edition Zweihorn, 2004

In diesem Buch geht es um das Bärenkind Marie. Ihre Familie hat wenig Geld. Dieses wird im Kindergartenalltag zum Thema und ein Gespräch über Armut beginnt. Am Ende sind sich alle einig, wie wichtig und großartig Freundschaften sind.

Boie, Kirsten: Ein mittelschönes Leben. Ein Kinderbuch über Obdachlosigkeit. Hamburg, Carlsen Verlag, 2011

Ein obdachloser Mann erzählt seine Geschichte, die erst einmal „ganz normal" anfängt. Das Buch hat viel Text und wenige Bilder und ist für ältere Kindergartenkinder und Schulkinder geeignet.

AUGEN AUF BEIM KINDERFERNSEHEN!

Kinder schauen auch gern einmal fern. Ältere Kindergartenkinder gehen erstmals auch ins Kino. Und selbst wenn Kinder bei Ihnen zu Hause nicht **FERNSEHEN** dürfen, so bekommen sie in der Kita, bei Freund*innen oder im Supermarkt auf Cornflakesverpackungen o. Ä. mit, welche Filme bzw. Filmfiguren gerade „in" sind.

TIPP!

Es ist sinnvoll, wenn Sie das Fernsehprogramm Ihrer Kinder auf stereotypische Darstellungsweisen hin überprüfen.

Gerade in Bezug auf Geschlechterrollen werden Sie sich bei genauem Hinsehen die Haare raufen! Überschlanke Mädchen, die auf Schönheit bedacht sind, und heldenhafte Jungen mit genialem Wissen hinsichtlich Technik und Waffen – frei von hinderlichen Gefühlen, entschlossen und zielstrebig retten und erobern sie, was es zu retten oder zu erobern gilt. Handelnde Mädchen sind im **KINDERFERNSEHEN** unterrepräsentiert (vgl. Scherring et al. 2014:131 ff.) Und wenn die Hauptfigur einmal weiblich ist und handeln darf, dann muss sie umwerfend dabei aussehen. Thematisieren Sie dies mit Ihrem Kind, denn diese eingeschränkten Darstellungen von Jungen und Männern bzw. Mädchen und Frauen geben ein unrealistisches und einschränkendes Bild der Geschlechter- und Rollenvielfalt ab. Welches Kind passt schon in dieses Raster? Verdeutlichen Sie Ihrem Kind, dass es unglaublich viele Möglichkeiten gibt, ein Junge oder ein Mädchen zu sein.

Aufgrund der Serie „Yakari" denken viele Kinder, dass Yakari und sein Volk das Abbild „der Indianer" sind. Hier sind Erklärungen von Erwachsenen unerlässlich. So könnte auf das Schauen einer Serie ein Buch gezeigt werden, in dem verschiedenste Stämme der Ureinwohner*innen Amerikas und ihre unterschiedlichsten Lebensweisen dargestellt werden.

Medienheld*innen, die nicht der klassischen **GESCHLECHTERROLLE** entsprechen, im Rollstuhl sitzen oder keine weiße Hautfarbe haben, bekommen Kinder nicht geboten. Diese Einseitigkeit sollte auf jeden Fall durch andere Medien ausgeglichen werden. Wichtig ist, dass alle Kinder sich mit den Figuren identifizieren können. Und die Kinder, die sich nicht identifizieren können, werden dadurch bereichert, dass sie über den Tellerrand schauen.

TiPP!

Begleiten Sie Ihre Kinder also aufmerksam bei der Medienauswahl und beim Medienkonsum. Da das Fernsehen oft als Babysitter genutzt wird, ist das Begleiten nicht so einfach. Möglich ist, dass Sie einmal mitschauen und Ihr Kind dann aus einem kleinen, Ihnen bekannten Repertoire wählen lassen. Kinder schauen sich auch sehr gern dasselbe öfter an. Für ältere Vorschulkinder kann ich z. B. die ca. 20-minütigen Tierdokumentationen „Anna und die wilden Tiere“ oder „Paula und die wilden Tiere“ empfehlen.

AUF DEN PUNKT

Nutzen Sie Medien wie Bilderbücher als Chance, Kinder über die Welt zu informieren. Thematisieren Sie mithilfe der Bücher verschiedene Kulturen, Armut, Beeinträchtigung, verschiedene Geschlechterbilder etc. Schauen Sie genau hin, was Ihre Kinder im Fernsehen schauen. In gängigen Kinderserien und Kinderfilmen werden stereotypische Vorstellungen wiedergegeben und die Kinder erhalten ein verzerrtes Bild der Realität.

4 Ein paar Worte zum Schluss:

Sensibilisieren, Thematisieren und Erfahrungen sammeln

Jeder Mensch hat **STEREOTYPISCHE DENKMUSTER**. Niemand muss sich dafür schämen, denn sie helfen, die alltägliche Masse an Informationen zu sortieren. Wichtig ist, uns diese unbewussten Denkmuster bewusst zu machen. So können die inneren Alarmglocken schrillen, wenn wir einen Menschen aufgrund eines Merkmals in eine Schublade stecken. Gefahr erkannt – Gefahr gebannt. Schnell die Schublade wieder aufmachen und nachdenken, bevor wir entscheiden und handeln.

Haben Eltern **VORURTEILE**, werden diese unbewusst oder bewusst an die Kinder weitergegeben. Um sie möglichst vorurteilsfrei zu erziehen, müssen wir nicht nur unsere eigenen Barrieren und Schubladen im Kopf durchdenken, sondern vor allem mit den Kindern sprechen. Kinder wollen sich die Welt erschließen und wir sollten ihre Fragen ernst nehmen und beantworten. Da das Fremde oft beängstigend wirkt, sollten wir es uns zur Aufgabe machen, unseren Kindern Einblicke in **VIELFÄLTIGE LEBENSWELTEN** zu eröffnen. Vor allem regelmäßige und positive Kontakte und Erfahrungen mit vorurteilsbehafteten Menschen helfen, diese Vorurteile aus dem Weg zu räumen.

Da dieses nicht immer möglich ist, können **BILDERBÜCHER** als Medium sinnvoll sein, um sich diesen Themen zu nähern und sie zu verstehen. Wir müssen uns nicht alle zwangsläufig mit unseren Kindern zu einem Obdachlosen gesellen und ihn Löcher in den hungrigen Magen fragen. Hier kann ein Buch zum Thema „Obdachlosigkeit" Fragen beantworten.

Die Hauptsache ist, dass Eltern, genauso wie es ihre Kinder tun, mit offen Augen und neugierig durch die Welt gehen, um neue **ERFAHRUNGEN** mit **FREMDEN** und Unbekannten zu machen. Unsere Welt wird stets komplexer und Deutschland ist eine **EINWANDERUNGSGESELLSCHAFT**. Freuen Sie sich auf neue Erfahrungen und Erkenntnisse gemeinsam mit Ihrem Kind. Vorurteile können auf diesem Wege überflüssig werden.

5 Literaturverzeichnis

Ali-Tani, C. (2017): Wie Kinder Vielfalt wahrnehmen: Vorurteile in der frühen Kindheit und die pädagogischen Konsequenzen. [https://www.kita-fachtexte.de/fileadmin/Redaktion/Publikationen//KiTaFT_AliTani_2017_WIeKinderVielfaltwahrnehmen.pdf] (Zugriff 9.9.2020)

Amnesty International (2017): Glossar für diskriminierungssensible Sprache. [https://www.amnesty.de/2017/3/1/glossar-fuer-diskriminierungssensible-sprache] (Zugriff 31.8.2020)

Antidiskriminierungsstelle des Bundes: Recht und Gesetz. [https://www.antidiskriminierungsstelle.de/DE/ThemenUndForschung/Recht_und_gesetz/recht_und_gesetz_node.html] (Zugriff 31.8.2020)

Antidiskriminierungsstelle des Bundes: Trans*.
[https://www.antidiskriminierungsstelle.de/DE/ThemenUndForschung/Geschlecht/Themenjahr_2015/Trans/trans_node.html]
(Zugriff 8.9.2020)

Banaji, Mahzarin R. u. Greenwald, Anthony G. (2015): VORURTEILE. Wie unser Verhalten unbewusst gesteuert wird und was wir dagegen tun können. München

Breuer, I. (2016): Schubladen im Kopf. Wie Vorurteile unser Denken bestimmen.
[https://www.deutschlandfunk.de/schubladen-im-kopf-wie-vorurteile-unser-denken-bestimmen.1148.de.html?dram:article_id=371714]
(Zugriff 31.8.2020)

Deutsches Kinderhilfswerk e. V. (2017): Diskriminierung – Was bedeutet das?
[https://www.kindersache.de/bereiche/wissen/natur-und-mensch/diskriminierung-was-bedeutet-das]
(Zugriff 31.8.2020)

Erzieherin.de (2012): Entwicklung von Vorurteilen bei Kindern.
[https://www.erzieherin.de/entwicklung-von-vorurteilen-bei-kindern.html]
(Zugriff 31.8.2020)

Europäisches Migrationsnetzwerk (2018): Glossar zu Asyl und Migration.
[https://www.bamf.de/SharedDocs/Anlagen/DE/EMN/Glossary/emn-glossary2.pdf?__blob=publicationFile&v=6]
(Zugriff 9.9.2020)

Friesenhahn, Günter (2000): Stereotype und Vorurteile.
[https://www.dija.de/fileadmin/medien/downloads/Dokumente/Guenter2IKL.pdf]
(Zugriff 25.8.2020)

Gebhardt, Wolf (2008): Tief ins Gehirn geblickt, in: P.M. Perspektive Mann & Frau (3/2008), München, S. 68–71

Gesellschaft für bedrohte Völker (2006):
Die Inuit [https://www.gfbv.de/de/news/inuit-920/]
(Zugriff 11.11.2020)

Klima-Bündnis der europäischen Städte mit indigenen Völkern der Regenwälder e. V.: Definition: Indigene Völker.
[http://www.indigene.de/76.html?&L=1]
(Zugriff 9.9.2020)

Leidmedien: Begriffe über Behinderung von A bis Z.
[https://leidmedien.de/begriffe/de]
(Zugriff 31.8.2020)

Pejic, Lena (2017): „Will nicht mit ihr spielen!" Haben Kinder etwa Vorurteile? In: Lamm, Bettina (Hrsg): Handbuch Interkulturelle Kompetenz. Kultursensitive Arbeit in der Kita. Freiburg im Breisgau

Pro Asyl (2016): De Maizière korrigiert: Weniger Flüchtlinge mit gefälschten Syrien-Pässen als angenommen. In: Fachpolitischer Newsletter Nr. 221
[htts://www.proasyl.de/hintergrund/sagt-man-jetzt-fluechtlinge-oder-gefluechtete/de]
(Zugriff 12.10.2019)

Schnerring, A. u. Verlan, S. (2014): Die rosa-hellblau-Falle.
Für eine Kindheit ohne Rollenklischees. München

Thomas, A. (2016): Der Vorteil von Vorurteilen. In: K3 – Das Magazin des Kreisjugendrings München Stadt (Hrsg.) 3. Ausg., 2016
[https://www.kjr-m.de/wp-content/uploads/2020/11/k3_03_16.pdf]
(Zugriff 11.11.2020)

Vogelmayr, I. (2010): Leitfaden für diskriminierungsfreie Sprache, Handlungen, Bilddarstellungen, hrsg. von Bundesministerium für Arbeit, Soziales und Konsumentenschutz, Wien [https://static.uni-graz.at/fileadmin/Akgl/4_Fuer_MitarbeiterInnen/leitfaden_diskrim_2010_web011.pdf] (Zugriff 31.8.2020)

Wissenschaft.de (2016): Vorurteile: Kinder lernen schnell. [https://www.wissenschaft.de/gesellschaft-psychologie/vorurteile-kinder-lernen-schnell/] (Zugriff 31.8.2020)

Wolter, B. (2016): Fasching vorurteilsbewusst feiern! Anregungen für eine diskriminierungssensible Praxis. Hrsg. von KiDs – Beratung & Kampagnen der Fachstelle Kinderwelten für Vorurteilsbewusste Bildung und Erziehung ©, Berlin. [https://situationsansatz.de/files/texte%20ista/fachstelle_kinderwelten/kiwe_pdf/KiDs/kids_fasching.pdf] (Zugriff 31.8.2020).

AUTORENINFO

Silke Hubrig ist Berufsschullehrerin an der Fachschule für Hauswirtschaft, Gesundheit und Sozialpädagogik in Bremen mit dem Schwerpunkt Bewegung und Sport. Zuvor war sie als Erzieherin sowie Tanz- und Bewegungspädagogin tätig. In verschiedenen pädagogischen Fachverlagen sind ihre Bücher erschienen, die sich dem Thema „Frühpädagogische Praxis in Kita und Krippe" widmen.